留学生のための
ビジネスマナー
ドリルブック

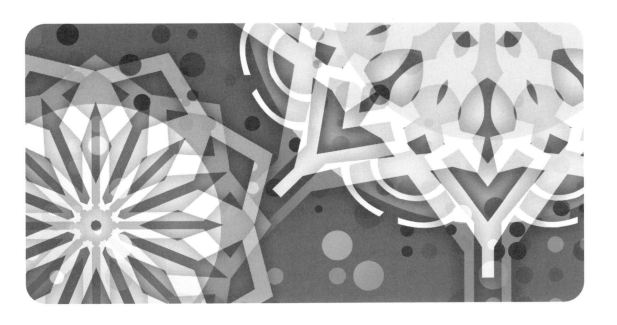

はじめに

　このテキストは、「留学生のためのビジネスマナー」に合わせて、皆さんに自分で考えてそして、実際に書き込んでいただくためのワークブックとして書いております。実際に本を読むだけではなく、ワークをしていただくことで学んだことの定着を図る目的もあります。私が、留学生にビジネスマナー、キャリア実践について教壇に立っていた時に、こういうテキストとワークブックがセットになっていたら良いだろうと思っていました。今回、留学生のためのビジネスマナーについて本を書かせていただくことになり、セットでワークブックも作らせていただきました。皆さんが、学んだことをしっかりと就職活動や、日本に就職したときのビジネスシーンで活用していただけるワークブックです。またこのテキストを使用し、授業を行う先生方にもお役に立てればと思い、今回1冊のワークブックにまとめました。

　特に、自分で考えて、日本語を書かなければならない部分をあえて作っております。日本語で考えて、書くことができる、読むことができるということは、留学生にとってはとても難しいのですが、大切なことです。就職面接などの時に、自分の考えたことをしっかりと言葉で企業の人につたえることができるためには、大切なワークです。「書けることは口に出せる」ということをアウトプットの仕方として学んでいただきたいという思いで作成しました。ぜひ、留学生の皆さんの日本のビジネスマナーや働くことの意識をしっかりと身に着けていただくためのワークブックとして活用していただきたいと考えています。

　授業などで、一通り学ぶ講義の後にこのワークブックでアウトプットしていただくことにより学びを深めることができると思います。

　しっかり、ビジネスマナーと社会人意識を身に着けていきましょう。

3

目次

第1章　ビジネスマナー 7

1	ビジネスマナーの必要性 7	
2	敬語（ていねいな言葉づかい）.............................8	
3	上司への言葉づかい 9	
4	先輩への言葉づかい 15	
5	社外の方への言葉づかい 17	
6	社内と社外での自分と相手の関係.........................20	
7	来客の基本マナー 22	
8	服装と外見（身だしなみ）...23	
9	名刺交換 25	
10	時間をまもる 27	
11	会議（うちあわせ）...30	
12	社内のコミュニケーション 36	
13	あいさつ 40	
14	電話応対のマナー 42	
15	メールの書きかた 46	
16	チャット・SNSのやり取り 51	
17	コミュニケーションツールの優先順位について 55	
18	個人情報保護について 57	
19	日本語習得について 59	

4

第2章　コンプライアンス（法令遵守）......................61

1 機密情報に関する取扱い......................61

2 アンチハラスメント......................64

第3章　就職活動の流れの理解......................67

1 就職活動の準備......................67

2 インターンシップへの参加......................73

3 企業への申込......................77

4 面接試験（対面）について......................80

5 面接試験（オンライン）について......................81

第4章　労働法規の知識......................83

1 就職に必要な法知識......................83

2 ビザについて......................86

第5章　社会人として意識すること......................89

1 ネットワーキングスキル（人脈づくり）......................89

2 情報リテラシー......................90

3 仕事に対する意識......................91

4 社会人としての知識......................93

5 学生と社会人の違い......................95

目 次

【試してみよう】...97

ここまでに学んだことを使って、考えてみよう！ 97

自分の5年後を想像してみよう 100

PDCA サイクル...102

参考資料：業界研究などをするとき 105

第1章

ビジネスマナー

1 **ビジネスマナーの必要性**

あなたがビジネスマナーを必要だと思う理由を書いてみましょう。

1 コンプライアンス（法令遵守）

2 敬語（ていねいな言葉づかい）

(1) 下表の空欄にそれぞれの動詞の尊敬語、謙譲語、丁寧語を書いてみましょう。

主な動詞の敬語

動詞	尊敬語	謙譲語	丁寧語
言う（話す）			
見る			
聞く			
行く			
来る			
居る			
帰る			
会う			
知っている			
する			
読む			

(2) 下表の空欄にそれぞれの名詞の尊敬語、謙譲語、丁寧語を書いてみましょう。

主な名詞の敬語

名詞	尊敬語	謙譲語	丁寧語
わたし（1人称）			
あなた			
会社			
気持ち			

3 上司への言葉づかい

以下の各問にこたえてください。正しい選択肢はどれでしょうか。

(1) 上司があなたの提出した報告書に対して質問をしてきたとき、どのように答えるのが最も適切ですか？

    A. そうですか？

    B. それはどうでしょうか？

    C. はい、確認いたします。

    D. 何それ？

1 コンプライアンス（法令遵守）

(2) 上司にメールを送る際の結びの言葉として最も適切なものはどれですか？

    A．じゃ、また。

    B．よろしくお願いいたします。

    C．さようなら。

    D．それでは、失礼します。

(3) 朝、オフィスで上司に会ったときの適切な挨拶はどれですか？

    A．おはようございます。

    B．やあ！

    C．こんにちは。

    D．何してるの？

(4) 上司があなたに難しいプロジェクトを任せたとき、感謝の意を表すにはどのように言うのが適切ですか？

    A．あ、そう。

    B．やったぜ！

    C．承知しました。精一杯頑張ります。

    D．大変ですね。

(5) 上司にプロジェクトの進捗を報告する際、どのように始めるのが適切ですか？

    A．ところで、

    B．聞いてください、

    C．進捗状況を報告いたします。

    D．お疲れ様です、話があります。

(6) 上司への言葉遣いをかんがえたとき、それぞれのシチュエーションで使う言葉として適切な言葉を答えてください。

① プロジェクトが順調に進んでいる場合。
- 上司の名前：田中部長
- プロジェクト名：新製品開発プロジェクト

② プロジェクトに予期しない問題が発生した場合。
- 上司の名前：鈴木課長
- プロジェクト名：マーケティングキャンペーン

1 コンプライアンス（法令遵守）

(7) 上司から新しいタスクを指示された場合、どのように受け答えをするか考えてください。以下のシチュエーションごとに、適切な敬語を使って回答を書いてください。

① 上司が急ぎのタスクを依頼してきた場合。
- 上司の名前：佐藤課長
- タスクの内容：緊急会議の準備

② 上司が定期的な業務の見直しを依頼してきた場合。
- 上司の名前：高橋部長
- 業務の内容：週次レポートの見直し

3　上司への言葉づかい

(8) 仕事で困ったことが発生したとき、上司にどのように相談するかを書いてください。以下のシチュエーションごとに、適切な言葉遣いで相談内容を記述してください。

① タスクの進め方が分からない場合。
- 上司の名前：山田部 長
- タスクの内容：クライアントへのプレゼンテーション資料作成

② 同僚とのトラブルが発生した場合。
- 上司の名前：井上課 長
- トラブルの内容：プロジェクトの進め方に対する意見の相違

13

1 コンプライアンス（法令遵守）

(9) 上司に対して感謝の気持ちを伝える場面を想定し、どのように言葉を選ぶか考えてください。以下のシチュエーションごとに、感謝の言葉を書いてください。

① 上司が仕事のアドバイスをしてくれた場合。
- 上司の名前：中村部長
- アドバイスの内容：プロジェクト進め方

② 上司があなたの業務を手伝ってくれた場合。
- 上司の名前：小林課長
- 業務の内容：データ分析

4 先輩への言葉づかい

(1) 先輩にプロジェクトの進捗を尋ねたい場合、どの言葉遣いが適切ですか？

　　A. 進捗どうですか？

　　B. 進捗はいかがでしょうか？

　　C. 進捗、教えて？

　　D. 進捗はどうなってる？

(2) 会議で先輩の意見に対して同意したいとき、どのように言いますか？

　　A. そうですね、その通りだと思います。

　　B. うん、そうだね。

　　C. ええ、そうですね。

　　D. やっぱりそう思います。

(3) 先輩に書類を渡す際、どの言い方が適切ですか？

　　A. これ、どうぞ。

　　B. 書類、お願いします。

　　C. 書類をお持ちしました。

　　D. 書類です、受け取ってください。

(4) 先輩が質問に答えてくれた後、どうお礼を言いますか？

　　A. ありがとう。

　　B. ありがとうございます。

　　C. サンキューです。

　　D. すごく助かります。

1 コンプライアンス（法令遵守）

(5) 先輩にメールで連絡をする際、どのような表現が最も適切ですか？

  A. 情報ありがとうございます。

  B. 情報、ありがとう！

  C. いただいた情報、大変ありがたいです。

  D. いただいた情報に感謝します。

(6) 先輩社員に仕事の進捗状況を報告する際に適切な言葉遣いはどれですか？

  A. 終わりましたよ。

  B. もう終わりました。

  C. もう終わりましたけど。

  D. 終わりましたので、ご確認いただけますか。

(7) 先輩社員に意見を求める際に適切な言葉遣いはどれですか？

  A. この案についてどう思いますか？

  B. この案について、先輩のご意見をお聞かせいただけますか？

  C. この案について、ちょっと教えてください。

  D. この案について、何かありますか？

(8) 先輩社員に感謝の気持ちを伝える際に適切な言葉遣いはどれですか？

  A. 助けてくれてありがとう！

  B. 助けてくれてありがとうございます！

  C. ご助力、誠にありがとうございます。

  D. 手伝ってもらって嬉しいです！

(9) 先輩社員に仕事を依頼する際に適切な言葉遣いはどれですか？

    A. これ、お願いしてもいいですか？

    B. これ、お願いしても大丈夫ですか？

    C. これをお願いしたいのですが、よろしいでしょうか？

    D. これをやってもらえますか？

(10) 先輩社員に注意を受けた際の適切な返答はどれですか？

    A. すみません、気をつけます。

    B. すみませんでした、気をつけます。

    C. 申し訳ありませんでした。今後気をつけます。

    D. 了解しました、気をつけます。

5 社外の方への言葉づかい

(1) 社外の人とメールで初めて連絡を取る場合、どのように書き始めるのが最も適切ですか？

    A. こんにちは！山田と申します。

    B. お疲れ様です。山田と申します。

    C. 山田です。よろしくお願いします。

    D. 山田と申します。お世話になっております。

1 コンプライアンス（法令遵守）

(2) 取引先の部長に電話をかけた際、どのような挨拶が適切ですか？

  A. お忙しいところ失礼します、山田です。

  B. 山田ですが、ちょっといいですか？

  C. どうも、山田です。お時間いただけますか？

  D. こんにちは、山田です。少々お時間をいただけますか？

(3) 商談が終了した後、次のように言い換えるとき、どれが最も適切ですか？

  A. ありがとうございました。またお願いしますね。

  B. 本日はありがとうございました。引き続きよろしくお願い致します。

  C. 今日はありがとう。またね。

  D. お疲れ様でした。次も頼みます。

(4) メールで提案書を送付する際、どの文言を使うのが最も適切ですか？

  A. 添付しておきましたので、見てください。

  B. 添付ファイルで送りますので、ご確認ください。

  C. 提案書を送りました。チェックお願いします。

  D. 提案書を添付いたしましたので、ご確認いただけますと幸いです。

(5) クライアントに会議の日程調整を依頼する際、どのように伝えるのが良いですか？

  A. 来週の会議ですが、いつがいいですか？

  B. 来週のご都合をお聞かせいただけますでしょうか？

  C. 来週空いてる日を教えてください。

  D. 来週のスケジュールを教えていただけますか？

5　社外の方への言葉づかい

(6) あなたは取引先の担当者に電話をかけるとき、どのように名乗りますか？

A. 私、○○株式会社の田中です。

B. ○○株式会社の田中と申します。

C. ○○株式会社の田中といいます。

D. 田中と申しますが、○○株式会社におります。

(7) 取引先の担当者にメールを送る際、冒頭の挨拶として最も適切なものはどれですか？

A. お世話になります。○○株式会社の田中です。

B. こんにちは。○○株式会社の田中です。

C. いつもお世話になっております。○○株式会社の田中です。

D. お疲れ様です。○○株式会社の田中です。

(8) 取引先に訪問する際、最初の挨拶として適切なものはどれですか？

A. こんにちは、○○株式会社の田中です。

B. お世話になっております。○○株式会社の田中と申します。

C. いつもお世話になっております。○○株式会社の田中です。

D. お疲れ様です。○○株式会社の田中と申します。

(9) 取引先の担当者に何かお願いする際、最も丁寧な言い方はどれですか？

A. これ、お願いできますか？

B. これ、やってもらえますか？

C. こちら、お願いしてもよろしいでしょうか？

D. こちら、やってもらえますでしょうか？

19

1 コンプライアンス（法令遵守）

(10) 取引先の担当者が何かをしてくれたときのお礼の言葉として適切なものはどれですか？

    A. ありがとうございます。

    B. 助かります。

    C. 感謝しています。

    D. ありがとう。

6 社内と社外での自分と相手の関係

(1) 下の文章の（　　）の中に適切な言葉を入れ文章を完成させましょう。

　　社内にいる時は、課長や係長、または、○○さんという（　　　　）をつけますが、社外の人には、（　　　　　）を付けずに、（　　　　　　　）（呼び捨て）を言います。社内の人は、内部の人なので、外部の人に話すときには、お客様を敬うので、内部の人は、身内ということで（　　　　）を使わずに名前のみを言います。

(2) 選択肢から正しいものを選んでください。

① 新しいプロジェクトを始める際、まず誰に報告するべきですか？

    A. クライアント

    B. 上司

    C. 同僚

    D. プロジェクトチームのメンバー

6　社内と社外での自分と相手の関係

② 社外の人とメールでやり取りする際、最も重要なポイントはどれですか？

    A.　丁寧な言葉遣い

    B.　簡潔な内容

    C.　相手の名前を省略する

    D.　個人的な意見を多く含める

③ 社内の人とのコミュニケーションで重要なのは次のうちどれですか？

    A.　一方的に指示を出す

    B.　率直な意見交換

    C.　フォーマルな挨拶を毎回行う

    D.　常に相手の意見に賛成する

④ 社外の人と会議を行う際、最初に行うべきことは何ですか？

    A.　具体的な議題に入る

    B.　自己紹介と名刺交換

    C.　会議の時間を短縮する提案

    D.　資料を配布する

⑤ 社内の人とのトラブルが発生した場合、最初に取るべき行動は何ですか？

    A.　社外の人に相談する

    B.　上司に報告する

    C.　社内の人と直接話し合う

    D.　トラブルを無視する

7 来客の基本マナー

(1) エレベータを使う場合のマナー

一番上位の方が乗る位置は何番ですか？（　　　）

一番下位の方が乗る位置は何番ですか？（　　　）

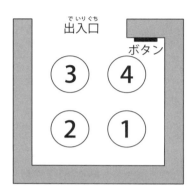
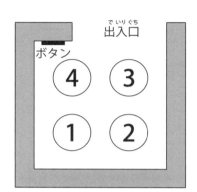

(2) 下の絵の一番上座はどこですか？（　　　）

(3) 下の絵の一番上座はどこですか？　（　　　　）

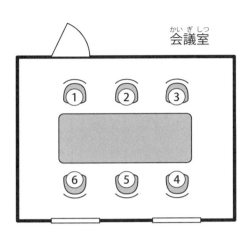

8　服装と外見（身だしなみ）

(1) 以下の空欄に適切な語句を入れてください。

1 コンプライアンス（法令遵守）

(2) ビジネスシーンにおいて適切なおしゃれ・身だしなみについて、正しいものはどれですか？

　　A　カジュアルな服装でも、自分が好きなスタイルであれば問題ない。

　　B　身だしなみは個人の自由であり、他人の意見は気にしない。

　　C　業界や職場のルールや雰囲気に合った服装を心がける。

　　D　派手なアクセサリーや香水で個性を強調することが大切。

(3) ビジネスマナーとして適切な身だしなみを選ぶ際に考慮すべき点はどれですか？

　　A　季節に関係なく、一年中同じ服装をする。

　　B　会社のドレスコードや業界の慣習に従う。

　　C　ファッション雑誌に載っている最新のトレンドを最優先する。

　　D　自分の趣味や好みを最も重要視する。

(4) ビジネスシーンでの身だしなみの基本として、どの選択肢が最も重要ですか？

　　A　自分の個性を表現すること。

　　B　目立つ色やデザインで注目を集めること。

　　C　清潔感があり、整った服装を心がけること。

　　D　高価なブランド品を身につけること。

(5) ビジネスシーンでのヘアスタイルに関する正しいアドバイスはどれですか？

　　A　自分の好きな髪型を自由に楽しむ。

　　B　ビジネスシーンに適した、清潔感のある髪型を選ぶ。

　　C　髪の色は派手な色にして個性を出す。

　　D　髪のスタイルは頻繁に変えることが大切。

9 名刺交換

(1) 名刺を渡す際、どのように名刺を持つのが正しいマナーですか？

    A. 両手で名刺の下部を持つ

    B. 左手で名刺の上部を持つ

    C. 右手で名刺の端を持つ

    D. 両手で名刺の両端を持つ

(2) 名刺を受け取る際、どのポイントを確認するのがマナーとされていますか？

    A. 名刺のデザイン

    B. 名刺の紙質

    C. 相手の名前と役職

    D. 名刺の色

(3) 名刺交換をする適切なタイミングはいつですか？

    A. 打ち合わせが終わった後

    B. 初めて会ったときの挨拶が終わった直後

    C. 食事が始まる前

    D. どのタイミングでも良い

(4) 名刺の交換を避けるべき状況は次のうちどれですか？

    A. フォーマルなビジネスミーティング

    B. カジュアルな打ち上げ

    C. 展示会のブース訪問時

    D. 新商品の発表会

1 コンプライアンス（法令遵守）

(5) 名刺交換後、名刺はどのように扱うのが適切ですか？

    A. すぐに名刺入れにしまう

    B. 会話が終わるまで手に持ち続ける

    C. テーブルの上に置いておく

    D. すぐにポケットに入れる

(6) 名刺を受け取る際の正しい作法は次のうちどれですか？

    A 座ったまま受け取る

    B 名刺を両手で受け取り、相手の名前と会社名を確認する

    C 片手で受け取り、そのまま机に置く

    D 名刺を受け取った後、すぐに名刺入れにしまう

(7) 名刺を渡すとき、次のうちどれが最も正しい方法ですか？

    A 名刺を相手の顔の高さまで持ち上げて渡す

    B 名刺を片手で渡す

    C 名刺を両手で持ち、自分の名前が相手に読めるようにして渡す

    D 名刺をテーブルの上に置いて渡す

(8) 複数の人がいる場で名刺交換を行う場合、最初に名刺を渡すべき相手は誰ですか？

    A 一番近くにいる人

    B 一番偉い人

    C 一番年下の人

    D 最後に来た人

10 時間をまもる

(1) 会議が始まる予定時刻の何分前に会議室に到着するのが望ましいですか？

    A. 10分前

    B. 5分前

    C. ちょうど開始時刻に

    D. 開始1分前

(2) 顧客とのアポイントメントに遅れそうな場合、どのように対応すべきですか？

    A. 遅れることを顧客に連絡せずに急いで向かう

    B. 顧客に遅れる旨を電話で連絡し、謝罪する

    C. 会社の同僚にだけ連絡して対応を依頼する

    D. アポイントメントをキャンセルする

(3) ビジネスの場で時間を守ることが重要な理由はどれですか？

    A. 遅れた方がより緊張感があるため

    B. 時間を守ることで相手に敬意を表することができる

    C. 時間は無限にあるため

    D. 遅れても問題ない文化が多いため

1 コンプライアンス（法令遵守）

(4) 上司に提出するレポートが指定の時間までに完成しない場合、どうするのが適切ですか？

    A. 時間内に適当な内容で完成させる

    B. 完成しないことを報告し、延長を申請する

    C. 提出を忘れるふりをする

    D. 同僚のレポートをコピーする

(5) 遅刻してしまった際の適切な対応はどれですか？

    A. 遅刻の事実を隠す

    B. 遅刻した理由を詳細に説明して理解を求める

    C. 簡単に謝罪し、すぐに業務に取り掛かる

    D. 他の人のせいにする

(6) あなたは日本の企業で働いている社員です。明日は大切なプロジェクトの打ち合わせが予定されており、9:00 に開始されます。あなたは何時にオフィスに到着すればよいと思いますか？　その理由も含めて説明してください。

(7) あなたはクライアントとの約束が 14:00 にあります。しかし、オフィスを出る前に緊急の対応が必要な案件が発生し、出発が遅れそうです。この場合、どのように対処すべきでしょうか？

(8) あなたは同僚と一緒に仕事をしていますが、同僚が毎回ミーティングに遅刻してきます。あなたはどのように対処すべきでしょうか？

1 コンプライアンス（法令遵守）

11 会議（うちあわせ）

（1） 社内の会議において大切なポイントと概要を書きましょう。

①

②

③

④

⑤

⑥

⑦

11　会議（うちあわせ）

(2) 社内の会議において、会議室の座り方について、それぞれの人が座る適切な位置の座席に番号を記入しましょう。

①部長　②課長　③係長　④リーダー
⑤入社3年目の先輩　⑥自分（新人）

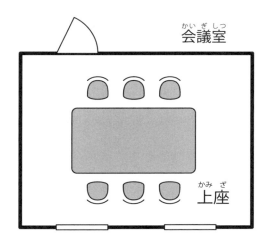

(3) 社外の人との会議において大切なポイントと概要を7つ書きましょう。

①
②
③
④
⑤
⑥
⑦

1 コンプライアンス（法令遵守）

(4) 社外の会議において、会議室の座り方について、それぞれの人が座る適切な位置の座席に番号を記入しましょう。

①お客様（部長） ②お客様（リーダー） ③お客様（担当者）
④自社（部長） ⑤自社（リーダー） ⑥自分（担当者）

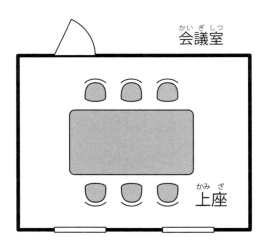

11　会議（うちあわせ）

(5) オンライン会議の時に気を付けるべき点についてポイントと概要を7つ書きましょう。

①

　　　・

　　　・

　　　・

②

③

④

⑤

⑥

⑦

1 コンプライアンス（法令遵守）

(6) 下の概要を読んで、アジェンダを書いてみましょう。

【概要】

　5月23日、16:00〜3階の会議室において、第1回社内のセキュリティ体制の強化についての会議を行います。参加予定者は、情報システム部の鈴木さん、田中さん、セキュリティ委員会の代表の幸田部長、システム開発部の木田さん、総務部の伊藤課長、吉田さんと自分（自分の名前を入れる）です。今回は、初めての会なので、自己紹介とそれぞれの担当について、また、社内のセキュリティに対する体制の現状について把握するために皆さんに意見を聞いていく予定。さらに今後、社内体制をどのように策定していくかについて、また、この会議の進め方、今後の開催頻度などについて考えていく予定。

　社内のセキュリティ体制の現状については、情報システム部の鈴木さんがあらかじめ調べていることを発表する。鈴木さんからは、前日までには現状をまとめた資料が提出される。

【アジェンダ】

会議名	
開催日時	
開催場所	
参加予定者	
当日の打ち合わせ事項	
提示資料	
その他	

34

11　会議（うちあわせ）

(7) 議事録の書き方

　　議事録は、会議や打ち合わせの内容や、その（　　　　　　）、
（　　　　　　　　　）、担当者などについて（　　　　　　）ために作
成します。議事録には、（　　　　　）、（　　　　　）、（　　　）、（　　　　　）、
（　　　　　　　　　）、（　　　　）（　　　　　　　　　）、
（　　　　　　　　）などを書く。読みやすい文章を書き、（　　　　　）に
まとめて書くことが大切です。また議事録をとるためにあらかじめ録音や録画
をすることで不明な点が出た際に確認できます。オンライン会議の時も同様に、
（　　　　　　）などを使うと便利です。しかし、録音や録画をする際には、必ず参
加者に（　　　　）を取るようにします。そして、録音、録画のデータの（　　　　　　）
には十分に注意しなければいけません。

(8) 議事録の役割として適切なのはどれですか？

　　A. 会議の参加者を記録するため

　　B. 会議の内容を忘れないようにするため

　　C. 会議の議題や決定事項を明確に記録するため

　　D. 会議の進行を円滑にするため

(9) 議事録に含めるべき情報として不適切なのはどれですか？

　　A. 会議の日時と場所

　　B. 会議に出席したメンバー

　　C. 会議の進行に関する意見や個人的な感想

　　D. 会議で決定した事項

35

1 コンプライアンス（法令遵守）

(10) 議事録の作成において重要な要素はどれですか？

    A. 短く簡潔な文章で記述すること

    B. 会議の全ての発言を逐一記録すること

    C. 作成者の意見を反映させること

    D. 会議の後に適切なタイミングで共有すること

(11) 会議の議事録を作成する際に心がけるべきことはどれですか？

    A. 会議の内容を自分の言葉で再解釈すること

    B. 会議の全ての議題と決定事項を正確に記録すること

    C. 参加者の意見を省略して要点のみ記録すること

    D. 作成後、議事録をすぐに破棄すること

12 社内のコミュニケーション

適切なタイミングでの報告、連絡、相談（報・連・相）

(1) 以下の（　）の中に適切な語句を書きましょう。

報告　報告は、自分の仕事の（　　　　　）や（　　　）、（　　　　　）などを上司や関係する同僚に伝えることを意味します。この目的は、進行中のプロジェクトやタスクについて責任者やチームが（　　　　　）を持つことを目的としています。報告は、（　　　）かつ（　　　）なタイミングで行われるべきで、必要に応じて詳細なデータや分析、状況などの情報を提供することが必要です。

連絡　連絡は、日常的な（　　　　　）や、（　　　　　）や（　　　）、（　　　　　）などを周知させる行為です。例えば、会議のスケジュール変更、重要

36

12　社内のコミュニケーション

な顧客からのフィードバック、その他の緊急の更新が含まれます。効果的な連絡は、関連するすべての人々が（　　　　　　）を共有し、（　　　　　　）のを防ぐために必要です。

相談　相談は、問題が生じた際や重要な決定をする（　　）に、上司や専門家、同僚から（　　　　　　　　）ことです。より多角的な視点を得ることができ、問題解決に対するアプローチが改善されることが期待できます。また、相談はチーム内の（　　　　）と（　　　　　　）を築くのにも寄与します。

(2) 以下の文章は、報告・連絡・相談のどれにあたるでしょう。

① プロジェクトの進捗のお知らせです。本日までに70%のタスクが完了しております。

　　　　（　　　　　　　　）

② 先日の広報活動の後、売上が10%アップしました。

　　　　（　　　　　　　　）

③ 営業部門に新メンバーが加わりました。名前は山田さんです。

　　　　（　　　　　　　　）

④ ○○のイベントが開催されますので、参加を希望される方はご返信ください。

　　　　（　　　　　　　　）

37

1 コンプライアンス（法令遵守）

⑤ 人材採用について、適切な採用戦略についてアドバイスをいただけないで
しょうか？

（　　　　　　　）

⑥ 先方からの依頼があり、対応方法について打合せをしたいです。対応可能な
予定日をお教えいただけますか？

（　　　　　　　）

⑦ 納品の件が予定よりも遅れています。原因が特定でき次第、メールします。

（　　　　　　　）

(3) 正しい選択肢を答えましょう

① 上司に業務の進捗を報告する際、最も適切な方法はどれですか？
  A. 業務が完了してからまとめて報告する
  B. 問題が発生した場合のみ報告する
  C. 業務の進捗を定期的に報告する
  D. 上司から求められたときだけ報告する

② 同僚に業務の変更点を連絡する際、最も適切な方法はどれですか？
  A. 口頭で伝えるだけ
  B. メールで詳細を伝える
  C. チャットツールで簡単に伝える
  D. 特に連絡しない

③ 重要な業務上の問題が発生した場合、最も適切な相談方法はどれですか？

    A. 自分で解決しようとする

    B. 同僚に相談する

    C. 上司に相談する

    D. 問題が解決するのを待つ

④ プロジェクトの進行が遅れていると感じた場合、最も適切な報告方法はどれですか？

    A. 自分で解決しようとする

    B. 上司に事実を報告し、対策を相談する

    C. プロジェクトが終わるまで待つ

    D. チーム全員に進捗状況を報告する

⑤ 新しい業務の進め方について、分からない点がある場合の適切な対応はどれですか？

    A. 自分で調べて解決する

    B. 同僚に聞く

    C. 上司に質問する

    D. 特に何もしない

1 コンプライアンス（法令遵守）

13 あいさつ

(1) 適切なあいさつを（　　）に記述してください。

① 朝、会社に出社したとき

（　　　　　　　　　　　　　　　　　　　　　　　　　）

② 会社の廊下で、同僚とすれ違うとき

（　　　　　　　　　　　　　　　　　　　　　　　　　）

③ 会社の廊下で、お客様とすれ違うとき

（　　　　　　　　　　　　　　　　　　　　　　　　　）

④ 終業時に席を立つとき

（　　　　　　　　　　　　　　　　　　　　　　　　　）

⑤ 上司が出張先で、お土産にお菓子を買ってきてくれたとき

（　　　　　　　　　　　　　　　　　　　　　　　　　）

⑥ 上司に提出した資料にミスがあったとき

（　　　　　　　　　　　　　　　　　　　　　　　　　）

(2) ご挨拶とお辞儀をする際には、初めにお相手の目を見てはっきりとあいさつをし、その後でお辞儀をします。このことを何と言いますか？

（　　　　　　　　　　　　　　）

40

(3) お辞儀の仕方

① ビジネスシーンにおいて、「敬礼」の角度はどれでしょうか？

    A. 15度

    B. 30度

    C. 45度

    D. 60度

② 相手に対して敬意を示すために、「最敬礼」の角度はどれでしょうか？

    A. 15度

    B. 30度

    C. 45度

    D. 60度

③ 軽い挨拶や感謝の意を示す際の「会釈」の角度はどれでしょうか？

    A. 15度

    B. 30度

    C. 45度

    D. 60度

④ お辞儀をする際の正しい手の位置はどれでしょうか？

    A. 自然に下げる

    B. 腰の前で組む

    C. 胸の前で組む

    D. 後ろに組む

1 コンプライアンス（法令遵守）

⑤ お辞儀をする際の目線の正しい方向はどれでしょうか？

    A. 足元を見る

    B. 相手の目を見る

    C. 斜め下を見る

    D. まっすぐ前を見る

14 電話応対のマナー

(1) 選択肢から正しいものを選んでください。

① 会社の代表電話に出るときの最初の一言として最も適切なのはどれですか？

    A.「はい、〇〇株式会社です。どういったご用件でしょうか？」

    B.「もしもし、どちら様ですか？」

    C.「何かご用ですか？」

    D.「こんにちは、〇〇です。」

② 電話をかける際に、相手が忙しそうな場合の適切な対応はどれですか？

    A.「すぐに終わりますので、少しだけお時間をいただけますか？」

    B.「すみません、また後ほどおかけ直しします。」

    C.「お忙しいところすみませんが、今すぐにお話しさせてください。」

    D.「すぐに終わるので、電話を切らないでください。」

③ 電話の受け答えで相手の名前を聞き取れなかった場合の適切な対応はどれですか？

    A.「え？何て言いました？」

    B.「すみません、もう一度お名前を教えていただけますか？」

    C.「お名前を確認してもいいですか？」

    D.「名前を教えてもらえますか？」

④ 取引先からの電話で、担当者が不在の場合の対応として最も適切なのはどれですか？

    A.「担当者は不在です。後でおかけ直しください。」

    B.「担当者は今席を外しております。戻りましたらこちらからご連絡いたします。」

    C.「担当者は外出中です。代わりに何かお手伝いできることはありますか？」

    D.「担当者は会議中です。何か伝言があれば承ります。」

(2) ロールプレイ問題　空欄に言葉を入れてみましょう。

① 電話の取り次ぎ

状況：あなたはある企業の受付担当者です。営業部の田中部長にお客様から電話がかかってきました。田中部長は現在会議中で、すぐには対応できません。お客様には次の対応をしてください。

お客様の情報：

- 名前：鈴木太郎
- 会社名：XYZ 株式会社
- 用件：新しい提案書について

1 コンプライアンス（法令遵守）

受付担当者：「　　　　　　　　　　　　　　　　　　　　　　　　　　　　　」

鈴木太郎：「お世話になっております。XYZ株式会社の鈴木と申します。営業部の田中部長をお願いしたいのですが。」

受付担当者：「　　　　　　　　　　　　　　　　　　　　　　　　　　　　　

　　　　　　　　　　　　　　　　　　　　　　　　　　　　　　　　　　　」

鈴木太郎：「それでは、折り返しお願いできますか。」

受付担当者：「　　　　　　　　　　　　　　　　　　　　　　　　　　　　　

　　　　　　　　　　　　　　　　　　　　　　　　　　　　　　　　　　　」

鈴木太郎：「はい、03-1234-5678です。」

受付担当者：「　　　　　　　　　　　　　　　　　　　　　　　　　　　　　

　　　　　　　　　　　　　　　　　　　　　　　　　　　　　　　　　　　」

鈴木太郎：「はい、よろしくお願いします。」

受付担当者：「　　　　　　　　　　　　　　　　　　　　　　　　　　　　　

　　　　　　　　　　　　　　　　　　　　　　　　　　　　　　　　　　　」

鈴木太郎：「失礼します。」

44

② 間違い電話

状況： あなたはある企業の受付担当者です。電話がかかってきましたが、相手は間違ってあなたの会社に電話をかけてしまったようです。次の対応をしてください。

お客様の情報：
- 名前：佐藤花子
- 用件：サービスの問い合わせ

受付担当者：「   」

佐藤花子：「あの、サービスの問い合わせをしたいのですが。」

受付担当者：「

                                                」

佐藤花子：「あ、そうでした。すみません、間違えました。」

受付担当者：「

                                                」

佐藤花子：「失礼します。」

45

1 コンプライアンス（法令遵守）

15 メールの書きかた

(1) ビジネスメールの件名として最も適切なものはどれですか？

A　お世話になっております

B　こんにちは

C　来週の打ち合わせについて

D　返信ください

(2) メールの冒頭で最も適切な挨拶文はどれですか？

A　元気ですか？

B　どうも

C　お世話になっております。株式会社〇〇の△△です。

D　ご機嫌いかがですか？

(3) メールの本文で依頼をする際に最も適切な表現はどれですか？

A　すぐにこれをやってください。

B　お忙しいところ恐縮ですが、以下の件についてご確認いただけますでしょうか。

C　これをやってもらえませんか？

D　今すぐこれを確認してください。

(4) メールの締めくくりに最も適切な表現はどれですか？

    A　じゃあ、よろしく

    B　さようなら

    C　よろしくお願いいたします。

    D　では、失礼します

(5) メールの最後に署名として最も適切なものはどれですか？

    A　田中

    B　Tanaka

    C　株式会社〇〇　田中一郎

    D　〇〇

1 コンプライアンス（法令遵守）

(6) 以下の条件で、メールの本文を作成してください

① 初めての取引先へのメール

　新しい取引先に初めての連絡を取るためのメールを書いてください。以下の情報を基にして、適切なビジネスマナーを守ったメールを作成してください。

- あなたの名前：山田太郎
- あなたの会社名：株式会社サンプル
- 取引先の担当者名：佐藤花子
- 取引先の会社名：株式会社ビジネス
- 取引内容：商品カタログの送付依頼

② クレーム対応のメール

顧客から商品に関するクレームがあり、それに対する返信メールを書いてください。以下の情報を基にして、適切な対応を示すメールを作成してください。

● あなたの名前：田中一郎

● あなたの会社名：株式会社ハル

● 顧客の名前：鈴木次郎

● クレーム内容：購入した商品の不具合について

1 コンプライアンス（法令遵守）

③ 社内連絡メール

　上司に対して、プロジェクトの進捗報告を行うメールを書いてください。以下の情報を基にして、適切なビジネスマナーを守ったメールを作成してください。

- あなたの名前：高橋花子 (システム開発部)
- 上司の名前：中村部長
- プロジェクト名：新製品開発プロジェクト
- 報告内容：プロジェクトの現在の進捗状況と今後の予定

16 チャット・SNSのやり取り

(1) 上司に仕事の進捗を報告する際、どのようなチャットメッセージが適切ですか？

    A. 「今、進捗はこんな感じです！順調ですかね？」

    B. 「進捗報告です。現在の状況は以下の通りです。」

    C. 「Yo! 仕事の進捗、チェックしてみて！」

    D. 「忙しいかもだけど、ちょっと見てくれる？」

(2) 仕事で使用する SNS のプロフィール写真として最も適切なものはどれですか？

    A. 友人と一緒に撮った写真

    B. 家族と一緒の写真

    C. プロフェッショナルなスーツ姿の写真

    D. 自撮りのカジュアルな写真

(3) 仕事に関する重要な情報を SNS でシェアする際、注意すべきことは何ですか？

    A. 誰でも見られる公開設定にする

    B. 友人にだけ見せる設定にする

    C. 公開範囲を会社の関係者のみに設定する

    D. 特に設定を気にしない

(4) ビジネスチャットでの敬語の使い方として適切なのはどれですか？

    A. 「お疲れ様です！この件について、お考えをお聞かせ願えますか？」

    B. 「どもー！これどう思う？」

    C. 「ねぇ、これってどうする？」

    D. 「ちょっと教えてもらえる？」

1 コンプライアンス（法令遵守）

(5) 上司から SNS で連絡を受けた際の返事として適切なのはどれですか？

 A.「了解です！すぐに対応します。」

 B.「わかったー！またね！」

 C.「OK! また連絡するね！」

 D.「うん、分かったよ。」

(6) あなたはビジネス用の SNS アカウントを管理しています。顧客からクレームが寄せられた場合、どのように対応しますか？

 A.　クレームを無視する

 B.　公開コメントで顧客を批判する

 C.　迅速に謝罪し、問題解決に向けた対応を公に約束する

 D.　顧客をブロックする

(7) 同僚とのビジネスチャットで、どのような表現が適切でしょうか？

 A.　短縮形やスラングを多用する

 B.　礼儀正しく、プロフェッショナルな言葉遣いを心掛ける

 C.　絵文字を頻繁に使う

 D.　メッセージを無視する

(8) ビジネス SNS で新製品のリリースを発表する際、どのような内容を含めるべきですか？

 A.　製品の詳細と利点、リリース日、お問い合わせ先

 B.　製品の写真だけ

 C.　会社の歴史

 D.　個人的な感想

52

(9) ビジネスチャットで急ぎの依頼をする際、どのように伝えるべきですか？

    A.「急いでやってください！」とだけ書く

    B. 具体的な期限と理由を明記し、丁寧にお願いする

    C. メッセージを何度も送る

    D. 口頭で依頼する

(10) SNS上での顧客とのやり取りで注意すべきことは何ですか？

    A. すべてのコメントに同じ返信をする

    B. 個別の状況に応じた返信をする

    C. 私的な情報を共有する

    D. 返信を全くしない

1 コンプライアンス（法令遵守）

(11) チャットのやり取りを完成させましょう。

会社の先輩 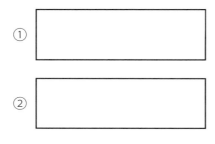 が明日のお客様先への訪問時間の変更を知らせてくれました。自分 ならどのようにお返事をするか考えてみましょう。

①

②

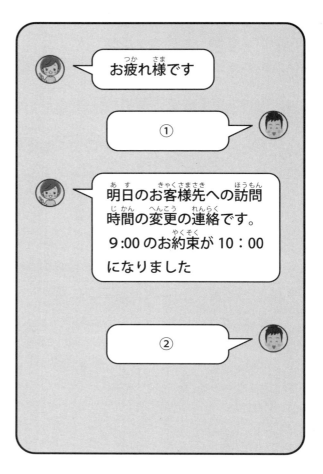

17 コミュニケーションツールの優先順位について

(1) 緊急の連絡が必要な場合、最も適切なコミュニケーションツールはどれですか？

    A　メール
    B　電話
    C　チャットツール（例：Slack）
    D　郵送

(2) 会議のスケジュール調整を行う場合、最も適切なコミュニケーションツールはどれですか？

    A　メール
    B　電話
    C　チャットツール（例：Slack）
    D　郵送

(3) チーム内でのちょっとした質問や確認事項を共有する際に最も適切なコミュニケーションツールはどれですか？

    A　メール
    B　電話
    C　チャットツール（例：Slack）
    D　郵送

1 コンプライアンス（法令遵守）

(4) 重要な文書や契約書のやり取りを行う際、最も適切なコミュニケーションツールはどれですか？

    A　メール

    B　電話

    C　チャットツール（例：Slack）

    D　郵送

(5) プロジェクトの進捗状況をチーム全体にリアルタイムで共有したい場合、最も適切なコミュニケーションツールはどれですか？

    A　メール

    B　電話

    C　チャットツール（例：Slack）

    D　郵送

(6) お客様に対して正式な通知や報告を行う際、最も適切なコミュニケーションツールはどれですか？

    A　メール

    B　電話

    C　チャットツール（例：Slack）

    D　郵送

18 個人情報保護について

(1) 個人情報を取り扱う際、最も適切な行動はどれですか？

    A. 個人情報を共有する前に、必ず本人の同意を得る

    B. 友人に聞かれたら、同意なしで個人情報を伝える

    C. 業務外で個人情報を利用する

    D. パスワードをメモ用紙に書いてデスクに置いておく

(2) 顧客の個人情報を管理する際、最も適切な方法はどれですか？

    A. パソコンにパスワードをかけずに保存する

    B. 共有ドライブに全員がアクセスできる状態で保存する

    C. 暗号化されたシステムで管理し、アクセス権限を設定する

    D. 紙に印刷してファイルキャビネットに保管する

(3) ビジネスメールにおいて、個人情報を含む場合の適切な対応はどれですか？

    A. 個人情報をそのままメールに記載する

    B. 重要な個人情報は暗号化し、別途パスワードを伝える

    C. メールに個人情報を含めないようにする

    D. CCに全社員を含める

(4) 個人情報保護に関する社内規定を新入社員に説明する際に、最も重要なポイントはどれですか？

    A. すべての個人情報を社内外問わず自由に共有すること

    B. 個人情報の取り扱いに関する法律や規定を理解し、徹底すること

    C. 規定を知らなくても、感覚で判断すること

    D. 個人情報を取り扱う際に上司に相談する必要はないこと

1 コンプライアンス（法令遵守）

(5) 個人情報漏洩のリスクを減らすために最も効果的な対策はどれですか？

    A. 個人情報をメールで頻繁に送信する

    B. 定期的にセキュリティ教育を実施し、最新の情報を共有する

    C. 個人情報を共有する際には口頭で伝える

    D. 社内で個人情報に関する取り決めがない場合、自由に扱う

(6) 個人情報を取り扱う際に最も重要なことは何ですか？

    A. 情報を必要以上に集めること

    B. 情報を第三者と共有すること

    C. 情報の保護と適切な管理

    D. 情報をすぐに廃棄すること

(7) 個人情報の適切な保存方法として正しいものはどれですか？

    A. デスクの上に置いたままにする

    B. パスワード保護されたデジタルファイルに保存する

    C. 誰でもアクセスできる場所に保管する

    D. メールで定期的に送信する

(8) 個人情報を第三者に提供する場合、まず何を確認すべきですか？

    A. 提供する相手の信頼性

    B. 提供する情報の量

    C. 個人情報提供の同意を得ているかどうか

    D. 提供する情報の重要性

(9) 個人情報の取り扱いに関する法律で定められている事項に違反した場合、どのような結果が考えられますか？

    A. 法的措置や罰則が科される
    B. 会社のイメージアップ
    C. 社内での昇進
    D. 特に何も起こらない

(10) 個人情報を廃棄する際に気を付けるべきことは何ですか？

    A. シュレッダーや適切なデジタル削除を行うこと
    B. ゴミ箱にそのまま捨てること
    C. 社外に持ち出して捨てること
    D. 他の書類と混ぜて捨てること

19 日本語習得について

(1) 日本語やビジネス用語を習得するために自分の体験を含めて、工夫している点を書きましょう。

1 コンプライアンス（法令遵守）

(2) これから自分の日本語やビジネス用語の習得に生かしていきたい方法などを考えてみましょう。

第2章
コンプライアンス （法令遵守）

2

1　機密情報に関する取扱い

(1) 機密情報を取り扱う際、最も適切な行動はどれですか？

    A. 機密情報を誰にでも見える場所に置いておく

    B. 機密情報を共有する際にパスワードで保護されたファイルを使用する

    C. 機密情報を SNS で共有する

    D. 機密情報をメールで送る際に暗号化しない

(2) 会議中に機密情報が含まれる資料を配布する際の適切な方法はどれですか？

    A. 会議が始まる前に全員に配布する

    B. 会議中に必要な部分だけを配布し、終了後に回収する

    C. 会議が終わった後に全員に配布する

    D. 会議中に誰でも取れる場所に置いておく

61

2 コンプライアンス（法令遵守）

(3) 機密情報を含む書類をオフィスの机の上に置いたままにすることについて、最も適切な対応はどれですか？

    A. 机の上に置いたままにする

    B. ロック可能な引き出しやキャビネットに保管する

    C. 書類を捨てる

    D. 他の同僚に保管を頼む

(4) 退社時に機密情報が記載された資料をどうするべきですか？

    A. 資料を机の上に置いて帰る

    B. 資料をロック可能な場所に保管する

    C. 資料を持ち帰る

    D. 資料を社内のゴミ箱に捨てる

(5) 機密情報を含む電子メールを送信する際の最も適切な行動はどれですか？

    A. メールの件名に「機密」と記載するだけで送信する

    B. メール本文にパスワードを記載して送信する

    C. 暗号化して送信し、パスワードは別の手段で伝える

    D. メールを CC で全員に送信する

1　機密情報に関する取扱い

(6) 機密情報が漏えいされたときに会社にとって、どのような影響が考えられるかを記述しましょう。ニュースなどでもいくつかの事例がありますので、事例から気づいたことなどを書くとよいでしょう。

2 コンプライアンス（法令遵守）

2 アンチハラスメント

(1) 以下のうち、パワハラ（パワーハラスメント）の例として当てはまるものはどれですか？

    A. 同僚に感謝の気持ちを伝える

    B. 部下に対して過度な業務を強要する

    C. 同僚とランチを共にする

    D. 上司にプロジェクトの進捗を報告する

(2) 以下のうち、セクハラ（セクシャルハラスメント）の例として当てはまるものはどれですか？

    A. 部下の仕事ぶりを評価する

    B. 同僚に対して個人的な性的な話題を強要する

    C. 上司にアドバイスを求める

    D. 同僚にお祝いの言葉をかける

(3) 以下のうち、マタハラ（マタニティハラスメント）の例として当てはまるものはどれですか？

    A. 妊娠した社員に対して出産後の計画を聞く

    B. 妊娠した社員に対して昇進のチャンスを与えない

    C. 妊娠した社員に対して感謝の気持ちを伝える

    D. 妊娠した社員に対して仕事の進捗を確認する

(4) 以下のうち、モラハラ（モラルハラスメント）の例として当てはまるものはどれですか？

    A. 同僚に対して業務のサポートをする
    B. 部下に対して侮辱的な発言をする
    C. 同僚に対してプロジェクトの成功を祝う
    D. 上司に対して改善提案を行う

(5) 以下のうち、アルハラ（アルコールハラスメント）の例として当てはまるものはどれですか？

    A. 同僚と一緒に食事に行く
    B. 部下に対して無理やり飲酒を強要する
    C. 上司に対して報告書を提出する
    D. 同僚に対してお祝いの言葉をかける

2 コンプライアンス（法令遵守）

(6) ハラスメントにはいくつかのハラスメントがありますが、ハラスメントを受けないために気を付けること、また、ハラスメントする側にならないために気を付けることを考えてみましょう。

第3章
就職活動の流れの理解

1 就職活動の準備

(1) 業界研究：

① 自己分析を行う

まず、自分自身を理解することから始めましょう。

自分の強みや弱みは何か？	
どのような仕事に興味があるか？	
自分のキャリアゴールは何か？	

3 就職活動の流れの理解

　自己分析の結果をもとに、興味のある業界をリストアップします。例えば、IT業界、金融業界、製造業など、自分の興味やスキルに合った業界を選びましょう。

② 業界の基本情報を収集する

　リストアップした業界について、基本的な情報を収集します。以下の点に注目して調べてみましょう。

業界の概要と現状	
主な企業とその特徴	
業界の成長性や将来性	

③ 企業の情報を詳しく調べる

興味のある業界の中で特に気になる企業について、さらに詳しく調べます。以下の点に注目して情報を集めましょう。

企業の歴史と経営理念	
主要な事業内容と製品・サービス	
企業の財務状況と業績	
働き方や社風、福利厚生	

④ インターンシップや説明会に参加する

実際に企業や業界について理解を深めるために、インターンシップや企業説明会に参加しましょう。これにより、企業の雰囲気や実際の業務内容を体験することができます。

⑤ 専門家や先輩に相談する

業界や企業についてより詳しく知るために、専門家やその業界で働いている先輩に話を聞くことも有効です。キャリアセンターやOB・OG訪問を活用しましょう。

⑥ 最新の業界動向をフォローする

業界の最新情報を常にフォローすることも重要です。ニュースや業界専門誌、インターネットを活用して、最新の動向を書き留めておきましょう。

⑦ 情報をまとめ、比較・分析する

　　収集した情報をまとめて、業界ごとや企業ごとに比較・分析します。自分に

最も適した業界や企業を選ぶための基準を明確にし、それに基づいて判断し

ましょう。

【業界ごとの企業名】

業界名	企業名（自分の興味のある企業）

3 就職活動の流れの理解

⑧ 企業にアプローチする

　興味を持った企業に対して、エントリーシートを提出し、面接に備えます。

企業研究をしっかり行っていることをアピールできるように、準備を進めま

しょう。

企業名	連絡先	インターン 有り無し

2　インターンシップへの参加

2 インターンシップへの参加

(1) 企業選びと参加：

業界名	企業名 （自分の興味のある企業）	企業の特徴・ どのような内容の業務か

企業名	インターンシップ内容	それぞれの企業に 分かったこと、学んだこと

73

3 就職活動の流れの理解

(2) エントリーシートを書く（インターンシップ・応募兼用）

エントリーシートを書いてみましょう。以下の項目についてあらかじめ考えておくことで、ベースができているので、違うフォーマットのエントリーシートを提示されてもスムーズに書くことができます。

① アルバイト・職務経験

② 免許・資格・留学歴など

③ この会社を選んだ理由（これは、会社によって違う場合もあるため、想定して書いてみましょう）。

④ 自己PR

3 就職活動の流れの理解

⑤ このインターンで学びたいこと

⑥ この会社に入ったらどのような仕事をしたいか

3　企業への申込

3　企業への申込

(1) 履歴書のまとめ

　あらかじめ履歴書の内容をまとめておくことで、企業に申し込みをする際に役に立ちますので、本番の書類に使えるようにまとめてみましょう。

① 学歴

年　　月	中学校卒業
年　　月	高等学校入学
年　　月	高等学校卒業
年　　月	
年　　月	
年　　月	
年　　月	

② 自分の長所・短所

3 就職活動の流れの理解

③ 自己PR

④ 趣味・特技

⑤ 得意科目

⑥ 学業以外の取り組みについて（部活・サークル・ボランティアなど）

⑦ 志望動機

⑧ 自分の希望欄

3 就職活動の流れの理解

4 面接試験（対面）について

(1) 面接に遅れそうな場合、どのように対応すべきでしょうか？

    A. 面接時間に間に合うように急ぐ

    B. 遅れることを事前に電話で連絡する

    C. 遅れた理由を面接時に説明する

    D. 遅れたことを気にしない

(2) 面接の際、適切な服装はどれですか？

    A. カジュアルな服装

    B. スーツ

    C. Tシャツとジーンズ

    D. 派手なアクセサリー

(3) 面接官に対する適切な挨拶はどれですか？

    A.「おはようございます」と大きな声で言う

    B. 無言で頭を下げる

    C.「こんにちは」と礼儀正しく言う

    D. 片手を上げて挨拶する

(4) 面接中に緊張してしまった場合、どのように対処すべきですか？

    A. 深呼吸をして落ち着く

    B. 緊張していることを正直に伝える

    C. すぐに退室する

    D. 質問を無視する

(5) 面接が終わった後にすべきことは何ですか？

    A.　すぐに帰る

    B.　面接官に礼を述べる

    C.　面接結果を聞くまでその場に留まる

    D.　他の候補者と話す

5　面接試験（オンライン）について

(1) オンライン面接で最も重要なことの一つは何ですか？

    A.　面接官の名前を覚えておくこと

    B.　インターネット接続の確認

    C.　明るい背景で面接を行うこと

    D.　メールの署名を設定すること

(2) オンライン面接の前に行うべき準備として適切でないものはどれですか？

    A.　面接で話す内容をリハーサルする

    B.　カメラとマイクのチェックをする

    C.　面接の時間を確認する

    D.　面接中に他のウェブサイトを閲覧するためにタブを開けておく

(3) オンライン面接中に質問を受けた際、相手に良い印象を与えるために最も適切な対応はどれですか？

    A.　すぐに答えられなくても焦らず、一呼吸おいて考える

    B.　答えがわからない場合、適当に答える

    C.　質問の内容を無視して、自分の話を続ける

    D.　答えを知っている場合でも、答えるのを躊躇する

3 就職活動の流れの理解

(4) オンライン面接中の適切な服装について、最も適切なものはどれですか？

    A. 自宅だからカジュアルな服装でも良い

    B. フォーマルなビジネスウェアを着る

    C. 上半身だけフォーマルにして下半身はパジャマでも良い

    D. 派手な柄の服を着る

(5) オンライン面接の際に背景に関して注意すべき点はどれですか？

    A. 背景に何も気にせず、散らかっていても良い

    B. 背景を仮想背景に設定するか、シンプルで整った背景にする

    C. 背景に家族やペットが映るのは気にしない

    D. 背景をあえて明るい色に設定する

第4章

労働法規の知識

4

1 就職に必要な法知識

（1） 日本の労働基準法によると、労働者が労働契約を解除する場合、最低限何日前に通知する必要がありますか？

    A. 1日前

    B. 7日前

    C. 14日前

    D. 30日前

（2） 日本の労働基準法では、労働者の1日の労働時間は原則として何時間までとされていますか？

    A. 6時間

    B. 8時間

    C. 10時間

    D. 12時間

4 労働法規の知識

(3) 労働基準法に基づき、労働者が週に最大何時間働くことが許されていますか？

    A. 35 時間

    B. 40 時間

    C. 45 時間

    D. 50 時間

(4) 企業が新入社員を採用する際に、内定を取り消すことが認められるのはどのような場合ですか？

    A. 他の候補者が見つかった場合

    B. 経済状況が悪化した場合

    C. 内定者の健康状態が悪化した場合

    D. 内定者が重大な過失を犯した場合

(5) 労働者が有給休暇を取得する権利を得るのは、入社後何か月経過した時点ですか？

    A. 3か月

    B. 6か月

    C. 9か月

    D. 12か月

1　就職に必要な法知識

(6) 日本の労働契約法では、労働契約の期間を定める場合、その最長期間は原則
としてどれですか？

    A. 1年

    B. 2年

    C. 3年

    D. 5年

(7) セクハラ防止のために企業が取るべき措置を定めている法律はどれですか？

    A. 労働基準法

    B. 労働契約法

    C. 男女雇用機会均等法

    D. 労働組合法

(8) 労働者が解雇される場合に、企業が事前に通知する義務がある期間は次のうち
どれですか？

    A. 1週間前

    B. 2週間前

    C. 1ヶ月前

    D. 3ヶ月前

4 労働法規の知識

2 ビザについて

(1) 日本で就職活動を行う留学生に最も適したビザはどれですか？

    A. 旅行ビザ

    B. 就労ビザ

    C. 学生ビザ

    D. 技術・人文知識・国際業務ビザ

(2) 留学生が卒業後に日本で働くために申請するビザで、最も一般的なものは次のうちどれですか？

    A. 家族滞在ビザ

    B. 文化活動ビザ

    C. 技術・人文知識・国際業務ビザ

    D. 特定活動ビザ

(3) 日本での就労ビザを申請する際、必要となる書類として正しいものはどれですか？

    A. パスポートのみ

    B. 学位証明書と職務経歴書

    C. 日本語能力試験の合格証書

    D. 銀行口座の明細書

(4) 留学生が日本でアルバイトをする際、許可される週当たりの労働時間は何時間ですか？

  A. 10時間
  B. 20時間
  C. 30時間
  D. 40時間

(5) 留学生が卒業後に新しい就職先を見つけられない場合、次に申請するべきビザは次のうちどれですか？

  A. 観光ビザ
  B. 留学ビザ
  C. 特定活動ビザ
  D. 配偶者ビザ

第5章

社会人として
意識すること

5

---

1 ネットワーキングスキル（人脈づくり）

自分の周りを考えてみて、どのように人脈づくりができるか考えてみましょう。

5	社会人として意識すること

2 情報リテラシー

(1) 情報リテラシーが必要な理由、必要な情報リテラシーにはどういったものがあるか考えてみましょう。

(2) 情報リテラシーとは何ですか？

　　A　インターネット上の情報をすべて信じること

　　B　情報の収集、評価、活用を適切に行う能力

　　C　ソーシャルメディアでの友達の数を増やすこと

　　D　デジタルデバイスの操作に熟練すること

(3) 信頼できる情報源を選ぶ際に重要な要素はどれですか？

　　A　情報が最新であること

　　B　情報が面白いこと

　　C　情報が多くの人にシェアされていること

　　D　情報源が信頼できるかどうか

(4) フェイクニュースに対する正しい対処法はどれですか？

    A　面白いので拡散する

    B　無視する

    C　真偽を確認してからシェアする

    D　全ての情報を疑う

(5) 業務で SNS を利用する際に気を付けるべきことは何ですか？

    A　個人的な意見を自由に発信する

    B　プライバシー設定を無視する

    C　社内情報や機密情報を含まないようにする

    D　SNS は業務時間中に使用しない

3　仕事に対する意識

(1) 社会人として仕事に対する意識はしっかりと持っておく必要があります。仕事に対する意識として大切なことをまとめましょう。

5 社会人として意識すること

(2) あなたにとって「仕事」とは何ですか？　その定義と理由について具体的に述べてください。また、仕事があなたに与える影響や意味についても考察してください。

(3) チームで仕事をする際に重要だと感じるポイントは何ですか？　チームワークを発揮するためにあなたが心がけようと思うことや、過去にチームで成功した経験について具体的に述べてください。

4 社会人としての知識

(1) 新入社員が受け取る給与は次のうちどれですか？

 A 総支給額

 B 手取り額

 C 基本給

 D 控除後の額

(2) 社会保険には次のうちどれが含まれますか？

 A 健康保険と年金保険

 B 交通費補助

 C 食事手当

 D ボーナス

(3) 新入社員の給与から控除される税金には次のうちどれが含まれますか？

 A 所得税と住民税

 B 住宅ローン

 C 交通費

 D 食事手当

(4) 給与明細に記載されていない情報は次のうちどれですか？

 A 基本給

 B 手取り額

 C 残業時間

 D 労働契約期間

5 社会人として意識すること

(5) 日本の年金制度は次のうちどれを含みますか？

    A   国民年金と厚生年金

    B   失業保険

    C   災害保険

    D   医療保険

(6) 住民税は次のうちどのタイミングで支払いますか？

    A   給与から天引きされる

    B   年に一度自分で納付する

    C   ボーナスから引かれる

    D   月に一度自分で納付する

(7) 控除される金額が増えると手取り額はどうなりますか？

    A   増える

    B   減る

    C   変わらない

    D   無関係

5　学生と社会人の違い

学生と社会人の違いについて、自分の場合を考えて表にまとめてみましょう

	学生	社会人
役割と責任		
時間管理		
コミュニケーション		
目標		

試してみよう

ここまでに学んだことを使って、考えてみよう！

ケース1： あなたは、新入社員です。今日は、仕事が終わった後に久しぶりに大学の友人と約束をしています。ところが、午後になって、上司から呼ばれ、資料をまとめてほしいと頼まれました。あなたはどのように対応しますか？自分だったらどう対応するかを考えてみましょう。

考えた対応	具体的な行動

試してみよう

ケース2：あなたは、新入社員です。先輩に仕事でわからないことなどを聞きながら少しずつ仕事を進めています。ある日、先輩社員から教えていただいたとおりに作業をしたところうまくいかず、仕事が進められません。期日までに進めたいのですが、どのように対応したらよいでしょうか。

考えた対応	具体的な行動

98

ここまでに学んだことを使って、考えてみよう！

ケース3： あなたは、新入社員です。通勤経路の電車が遅延することが多く、時々会社に遅刻してしまいます。あなたはどのように対応しますか？遅刻をしてしまうことにかんする自分の考えと、今後どのような対応をとることが良いかを考えてみましょう。

考えた対応	具体的な行動

99

試してみよう

自分の5年後を想像してみよう

(1) 就職をして5年後どのような社会人生活を送りたいか考えてみましょう。自分がどうなっていたいかというイメージでも良いです。

※ヒント：例えば、自分の希望にかなった就職をして、その先にどのような仕事をしていきたいか。自分がなりたい人物像や、仕事内容などを具体的に書いてみましょう。

- どんな仕事をしていたいですか？
- 5年間でどのようなことを学びましたか？
- 自分は、会社のなかでは、どのような存在になっていますか？

などのポイントをもとに考えてみましょう。箇条書きで思いついたことを書いてみましょう。

-
-
-
-
-
-
-
-
-
-

自分の5年後を想像してみよう

(2) その5年後の姿を目指すためにどのような目標を設定しますか。例えば、資格を取得する、その目標を達成するためのスキルとして、どのようなことが必要かなど具体的に書いてみましょう（できるだけ達成可能な目標を考えましょう）。

(3) 5年後その目標を達成していたら、自分はどのような社会人になっていますか。自由に書いてみましょう。

PDCAサイクル

自分の就職活動についてPDCAサイクルを回してみましょう。

① **計画を立てる（P）:** 計画段階では、どのように動いていくかを書き出していくと良いでしょう。どのようなことをいつまでに実施するのかを整理します。それぞれの計画には目標も明記しておきましょう。目標を書いておくことにより、具体的なポイントに対して有効な振り返りができます。

② **結果を整理する（D）:** それぞれの計画に対して実行したこと、その時生じた出来事、計画との差などについて整理します。目標や計画に対して、結果が伴わなかった場合の原因についても考えます。

③ **評価をする（C）:** 結果に対して、評価（チェック）をしていきます。改善点だけでなく、良かった点や気づいた点についてもまとめておきます。活動全体を見て、学びがあったかどうかを考えることも大切です。

④ **改善策を考える（A）:** 次回以降の行動に向けて、修正できる点は、修正して、次の計画に組み込みます。

この4ステップを繰り返し行います。

PDCA サイクル

【就職活動について】簡単な評価基準で考えてみましょう。（A・B・C・D）

行動	計画	結果	評価	改善策

試してみよう

....

上記の表にまとめた4段階の評価について、詳細をまとめておきましょう。

【行動】：　（　　　　　　　　　　　　　　　　　　）

計画： 目標も追記 しましょう	・ ・ ・ ・ ・ ・ ・ ・
結果： 気づいたこと	・ ・
評価： 評価の理由	・ ・
改善策： 次の行動にどう 反映させるか	・ ・ ・ ・ ・ ・ ・ ・

※たくさんあるときには、コピーをして使ってください。

104

参考資料：業界研究などをするとき

【業界についての一例】

メーカー	自動車、電子機器、精密機械、事務機器、その他、モノを作っている業界
小売り	百貨店、コンビニエンスストア、専門店など商品を売っている業界
サービス	医療、福祉、電気・ガス・水道などのインフラサービス、レジャー、不動産などのサービスを提供している業界
情報処理、通信	ソフトウェア開発、ソフトウェア、ネットワーク通信などの業界
商社	総合商社や専門商社など、商品やサービス、流通を仲介する業界
マスコミ	放送、出版、広告などの業界
金融	銀行、証券、クレジット・リース関連の業界
建設	建築、建設などビルや家など構造物を作る業界
官公庁	公社・団体、官公庁

※ほかにも業界の分け方により、様々な名称がありますが、ここではよく使われる一例をあげています。

　業界を選ぶことのほかにも職種などを選ぶことも就職活動を始めるときには大切です。漠然とこんな仕事がしたいと考えている人も、全く決まっていないという人も、職種について考えてみることで、自分の考えを整理するということが期待できます。

厚生労働省が公開している日本版 O-NET というサイトを参考にするとそれぞれの職業に関して、分かりやすく解説されています。

日本版 O-NET
　　https://shigoto.mhlw.go.jp/User/

　自分がイメージする業種や職種がみつからない、職業名がわからないなどということがあれば、このサイトを観ると様々な職業について知ることができます。自己分析・仕事能力、キャリア分析などもできるので、まず、はじめの一歩には、活用しやすいサイトだと思います。一人で見ても難しいと思う場合は、自分の学校のキャリアセンターの方に相談すると良いでしょう。
　その他にも多くの採用エージェントの会社のサイトには、様々な情報が掲載されています。最新の情報か、正しい情報かということは、それぞれの人が判断しないといけないため、信頼のおけるサイトからの情報、また、複数のサイトからの情報の比較などをして確認をするようにしましょう。

参考資料：業界研究などをするとき

　また、ハローワークのサイトには、職種一覧：厚生労働省編職業分類が掲載されています。この一覧から、さまざまな職種を見ることができます。自分の進みたい仕事を職種から選択してみようと思うときに見てみると良いでしょう。

厚生労働省編職業分類

https://www.hellowork.mhlw.go.jp/info/mhlw_job_dictionary.html

　企業から仕事を決める場合には、会社四季報という、国内の企業が掲載されている情報誌があります。就職生のための業界地図という本を毎年発行しているので、そのような本を活用するのも良いのではないでしょうか。東洋経済新報社から発売されています。

107

試してみよう

就職四季報

https://str.toyokeizai.net/-/shushoku_all/

　就職などの情報は、友達や先輩などから聞いたり、噂が回ってきたりすることがありますが、これらの情報に振り回されてしまうと、時間の限られた就職活動期間を最大限に生かすことができないため、自分で情報をしっかり収集したうえで、行動をしていくことをおすすめします。自分で、しっかり調べ、自分のことを分析して、それぞれの書類をまとめるということをすると、自分の言葉で、面接官と話をすることができるようになります

　仕事や、業界などを決めていく過程で、その仕事に必要なスキルや資格なども知ることができます。必要なスキルや資格をどのように学び、どのように取得するのかなども一緒に調べておくことで、目標が立てやすくなるでしょう。

メモ

■ 著者プロフィール

二瓶 康子（にへい・やすこ）

株式会社ワイズ・システム　代表取締役

講師経歴：専門学校、大学のキャリア関連の授業の講師、企業のビジネスマナーや新人研修

資格：国家資格キャリアコンサルタント、2級キャリアコンサルタント技能士、ビジネス実務マナー検定2級、第二種電気工事士

現在は、システム開発の会社を経営。IT技術者へのキャリア支援を行っている。いくつかの専門学校でキャリア・ビジネスに関する授業、アプリケーション資格取得に関する授業、第二種電気工事士の国家資格対策授業などを担当してきた。

ビジネス演習⑨

留学生のための
ビジネスマナー ドリルブック

2024年9月10日　　初版第1刷発行

著　者　　二瓶 康子
発行人　　石塚 勝敏
発　行　　株式会社 カットシステム
　　　　　〒169-0073 東京都新宿区百人町4-9-7　新宿ユーエストビル8F
　　　　　TEL　　（03）5348-3850　　FAX　（03）5348-3851
　　　　　URL　　https://www.cutt.co.jp/
　　　　　振替　　00130-6-17174
印　刷　　シナノ書籍印刷 株式会社

　　　本書の内容の一部あるいは全部を無断で複写複製（コピー・電子入力）することは、法律で認めら
　　れた場合を除き、著作者および出版者の権利の侵害になりますので、その場合はあらかじめ小社あ
　　てに許諾をお求めください。

本書に関するご意見、ご質問は小社出版部宛まで文書か、sales@cutt.co.jp 宛に e-mail でお送りくだ
さい。電話によるお問い合わせはご遠慮ください。また、本書の内容を超えるご質問にはお答えでき
ませんので、あらかじめご了承ください。

Cover design *Y.Yamaguchi*　　　Copyright©2024　二瓶 康子
Printed in Japan　　978-4-87783-713-6